Impressum
Verlag: BABADADA GmbH, Nedderfeld 112 , 22529 Hamburg
Geschäftsführer / Verlagsleitung: Harald Hof
Druck: Books on Demand GmbH, In de Tarpen 42, 22848 Norderstedt

Imprint
Publisher: BABADADA GmbH, Nedderfeld 112 , 22529 Hamburg, Germany
Managing Director / Publishing direction: Harald Hof
Print: Books on Demand GmbH, In de Tarpen 42, 22848 Norderstedt

escola
school

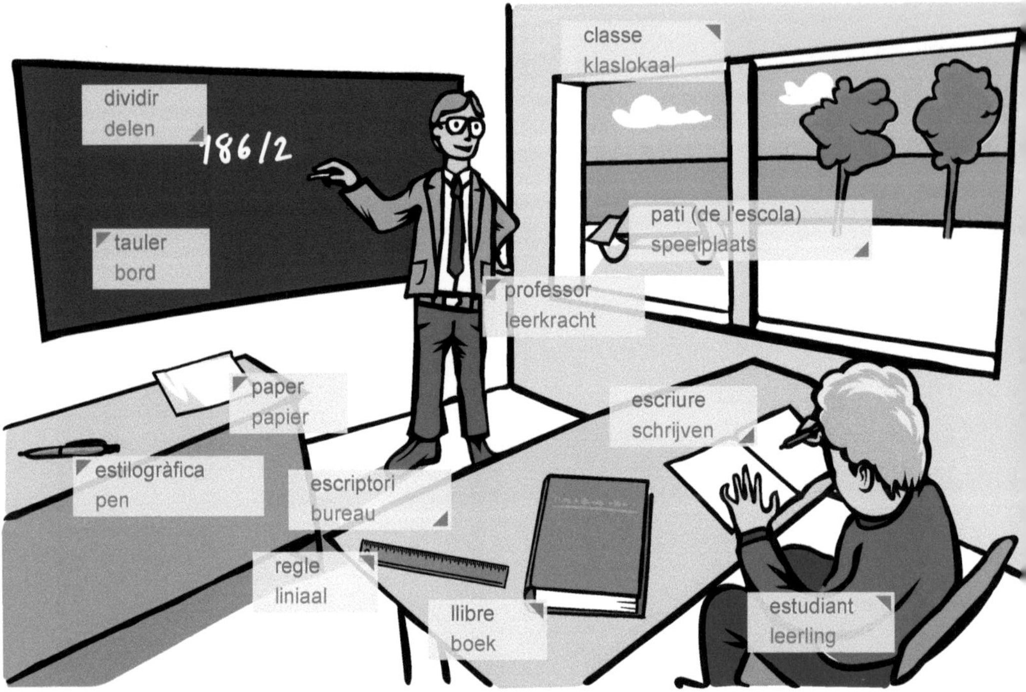

classe
klaslokaal
dividir
delen
186/2
tauler
bord
pati (de l'escola)
speelplaats
professor
leerkracht
paper
papier
escriure
schrijven
estilogràfica
pen
escriptori
bureau
regle
liniaal
llibre
boek
estudiant
leerling

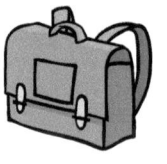

bossa

schooltas

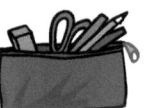

estoig

pennenzak

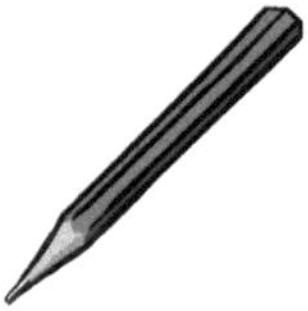

llapis

potlood

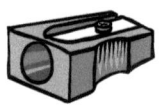

maquineta de fer punta

puntenslijper

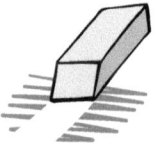

goma

gom

bloc de dibuix

tekenblok

dibuix

tekening

pinzell

verfborstel

capsa de pintures

verfdoos

tisores

schaar

cola

lijm

quadern d'exercicis

werkboek

deures

huiswerk

nombre

nummer

afegir

optellen

sostreure

aftrekken

multiplicar

vermenigvuldigen

calcular

rekenen

lletra

letter

alfabet

alfabet

mot

woord

text
tekst

llegir
Lezen

guix
krijt

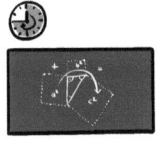

lliçó
les

llibre de classe
klassenboek

examen
examen

certificat
certificaat

uniforme escolar
schooluniform

formació
onderwijs

enciclopèdia
encyclopedie

universitat
universiteit

microscopi
microscoop

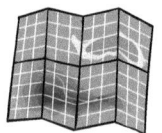

mapa
kaart

paperera
papiermand

escola - school

viatge

reis

Grand
hotel
hotel
alberg
jeugdherberg
ROOMS
CHANGE
oficina de canvi
wisselkantoor
maleta
koffer
automòbil
auto

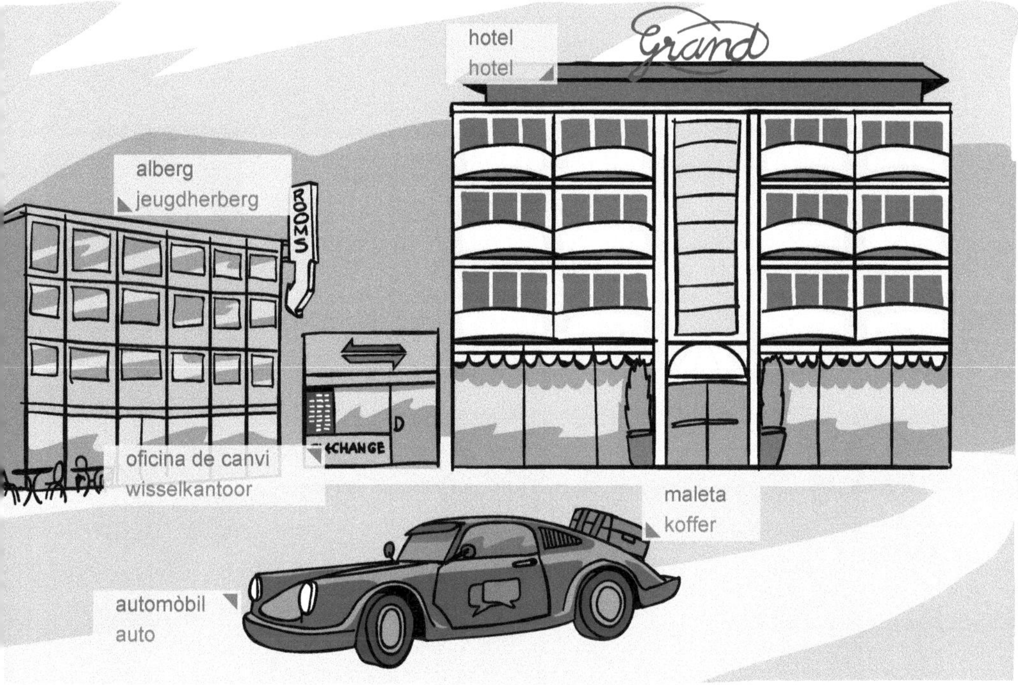

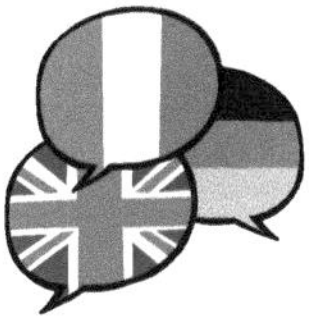

llengua

Taal

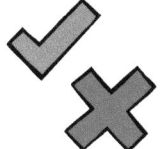

sí / no

ja / nee

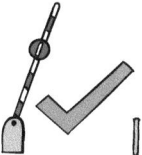

D'acord

oké

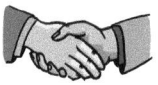

Ey!

hallo

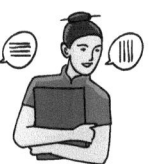

traductora

vertaler

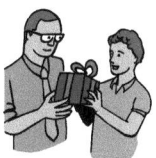

gràcies

bedankt

Quant costa... ?

Hoeveel kost ...?

No entenc

Ik begrijp het niet

problema

probleem

Bona nit!

Goedenavond!

bon dia!

Goedemorgen!

bona nit!

Goedenavond!

fins aviat

Tot ziens

direcció

richting

bagatge

bagage

bossa

zak

sarrona

rugzak

convidat

gast

cambra

kamer

sac de dormir

slaapzak

tenda

tent

oficina de turisme

toeristeninformatie

platja

strand

carta de crèdit

kredietkaart

esmorzar

ontbijt

dinar

lunch

sopar

avondeten

bitllet

ticket

ascensor

lift

segell

postzegel

frontera

grens

duana

douane

ambaixada

ambassade

visat

visum

passaport

paspoort

transport
transport

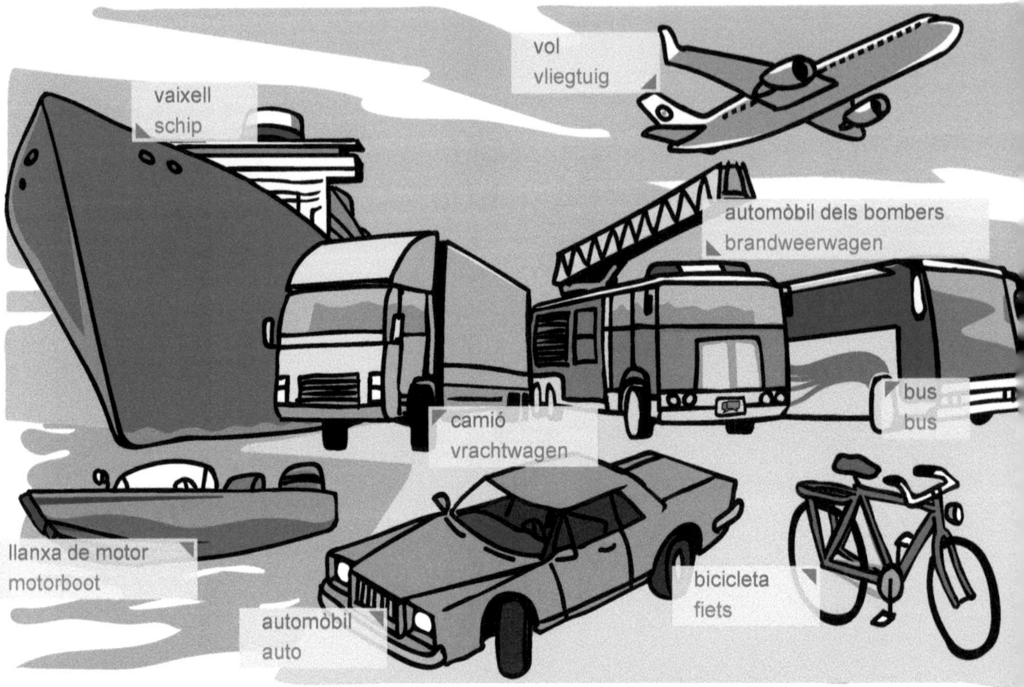
vol
vliegtuig
vaixell
schip
automòbil dels bombers
brandweerwagen
bus
bus
camió
vrachtwagen
llanxa de motor
motorboot
bicicleta
fiets
automòbil
auto

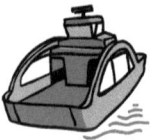

transbordador
veerboot

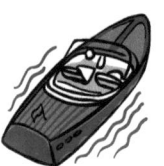

barca
boot

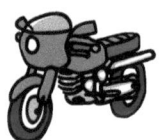

moto
motor

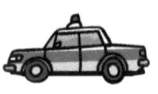

automòbil de policia
politiewagen

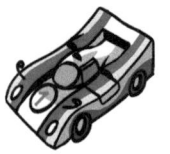

automòbil de curses
racewagen

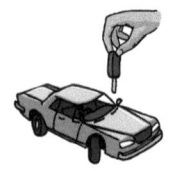

automòbil de lloguer
huurauto

vehicle compartit

carpoolen

grua

sleepwagen

camió de les escombraries

vuilniswagen

motor

motor

benzina

benzine

benzineria

benzinestation

senyal de trànsit

verkeersbord

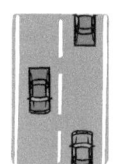

trànsit

verkeer

embús

file

aparcament

parkeerplaats

estació de trens

station

vies

sporen

tren

trein

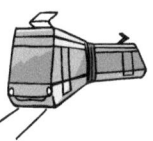

tramvia

tram

vagó

wagon

helicòpter

helikopter

aeroport

luchthaven

torre

toren

passatger

passagier

contenidor

container

capsa de cartó

karton

carretó

kar

cistella

mand

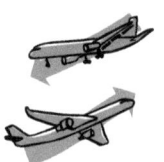

enlairar-se / aterrar

opstijgen / landen

ciutat

stad

poble

dorp

centre de la ciutat

stadscentrum

casa

huis

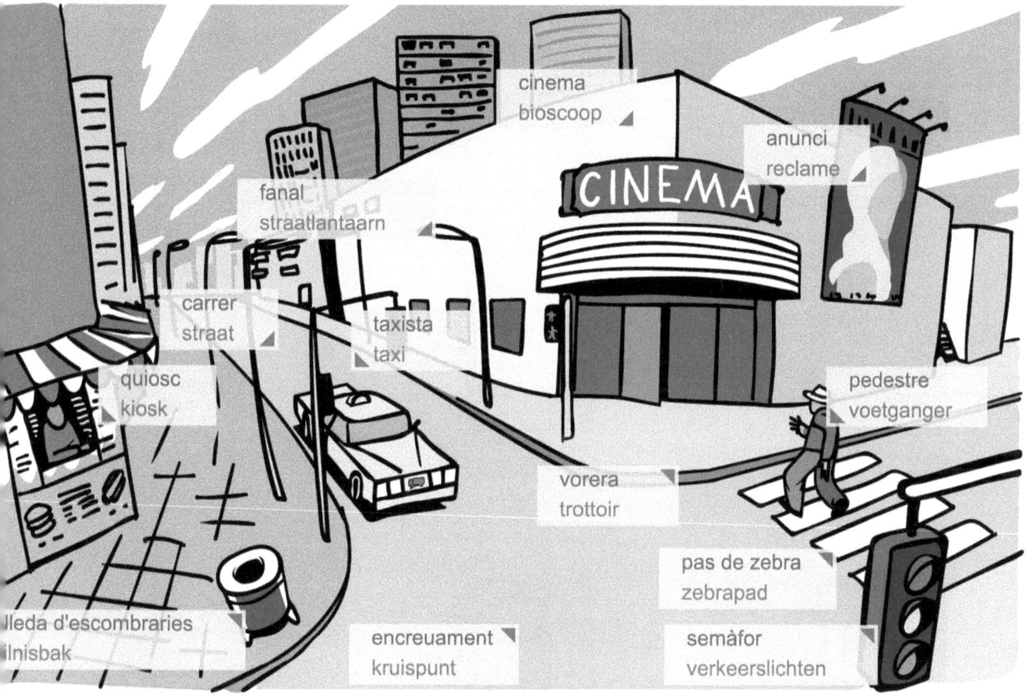

cinema
bioscoop

anunci
reclame

fanal
straatlantaarn

CINEMA

carrer
straat

taxista
taxi

pedestre
voetganger

quiosc
kiosk

vorera
trottoir

pas de zebra
zebrapad

lleda d'escombraries
ilnisbak

encreuament
kruispunt

semàfor
verkeerslichten

cabana

hut

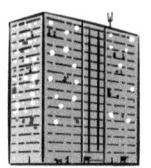

apartament

woning

estació de trens

station

casa de la vila-ciutat

stadshuis

museu

museum

escola

school

universitat
universiteit

banca
bank

hospital
ziekenhuis

hotel
hotel

farmàcia
apotheek

oficina
kantoor

llibreria
boekwinkel

botiga
winkel

floristeria
bloemenwinkel

supermercat
supermarkt

mercat
markt

gran magatzem
warenhuis

peixateria
vishandelaar

centre comercial
winkelcentrum

port
haven

parc

park

banc

bank

pont

brug

escala

trap

metro

metro

túnel

tunnel

parada d'autobús

bushalte

bar

bar

restaurant

restaurant

bústia de correu

brievenbus

senyal indicador

straatnaambord

parquímetre

parkeermeter

zoo

zoo

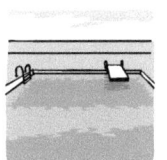

piscina

zwembad

mesquita

moskee

granja

boerderij

pol·lució

milieuverontreiniging

cementiri

kerkhof

església

kerk

parc infantil

speelplaats

temple

tempel

paisatge
landschap

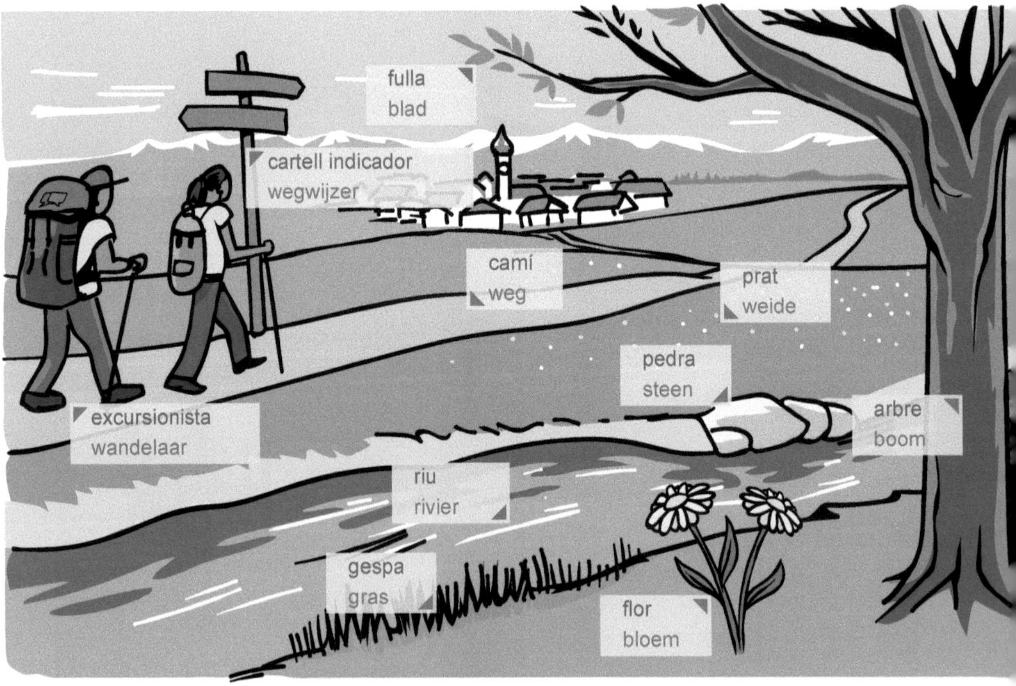

fulla
blad

cartell indicador
wegwijzer

camí
weg

prat
weide

pedra
steen

arbre
boom

excursionista
wandelaar

riu
rivier

gespa
gras

flor
bloem

vall
vallei

muntanya
heuvel

llac
meer

bosc
bos

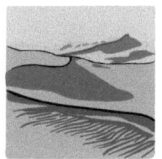

desert
woestijn

volcà
vulkaan

castell
kasteel

arc de Sant Martí
regenboog

bolet
paddenstoel

palmera
palmboom

moscard
mug

mosca
vlieg

formiga
mier

abella
bijl

aranya
spin

escarabat

kever

granota

kikker

esquirol

eekhoorn

eriçó

egel

llebre

haas

òliba

uil

ocell

vogel

cigne

zwaan

senglar

wild zwijn

cervo

hert

ant

eland

presa

dam

turbina

windturbine

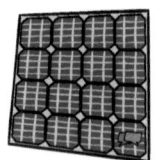

panell solar

zonnepaneel

clima

klimaat

restaurant
restaurant

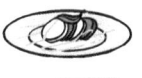

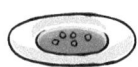

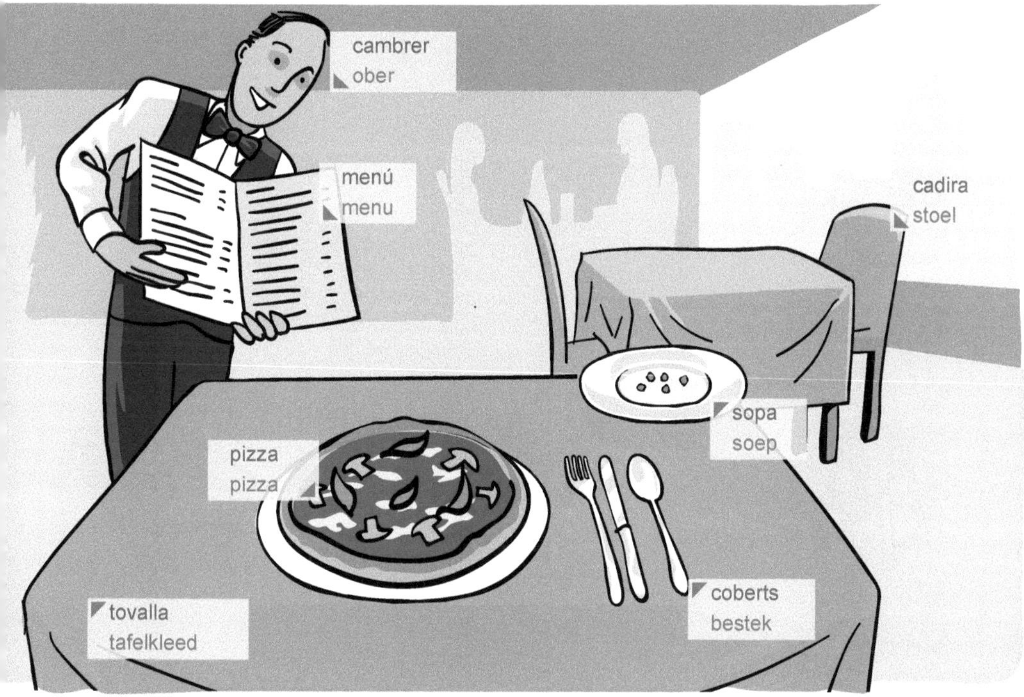

cambrer
ober
menú
menu
cadira
stoel
sopa
soep
pizza
pizza
coberts
bestek
tovalla
tafelkleed

primer plat

voorgerecht

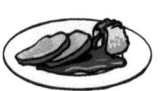

plat principal

hoofdgerecht

darreries

nagerecht

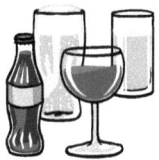

begudes

drankjes

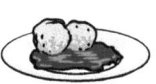

menjar

eten

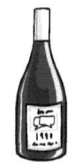

ampolla

fles

menjar ràpid

fastfood

menjar de carrer

street food

tetera

theepot

sucrer

suikerpot

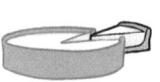

porció

portie

màquina d'espresso

espressomachine

trona

kinderstoel

factura

rekening

plata

dienblad

ganivet

mes

forqueta

vork

cullera

lepel

cullereta

theelepel

tovalló

serviette

got

glas

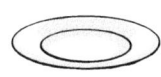		
plat	plat de sopa	plateret
bord	soepbord	schoteltje

salsa	saler	molinet de pebre
saus	zoutvatje	pepermolen

		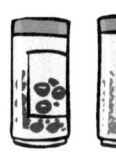
vinagre	oli	espècies
azijn	olie	kruiden

quètxup	mostassa	maionesa
ketchup	mosterd	mayonaise

supermercat
supermarkt

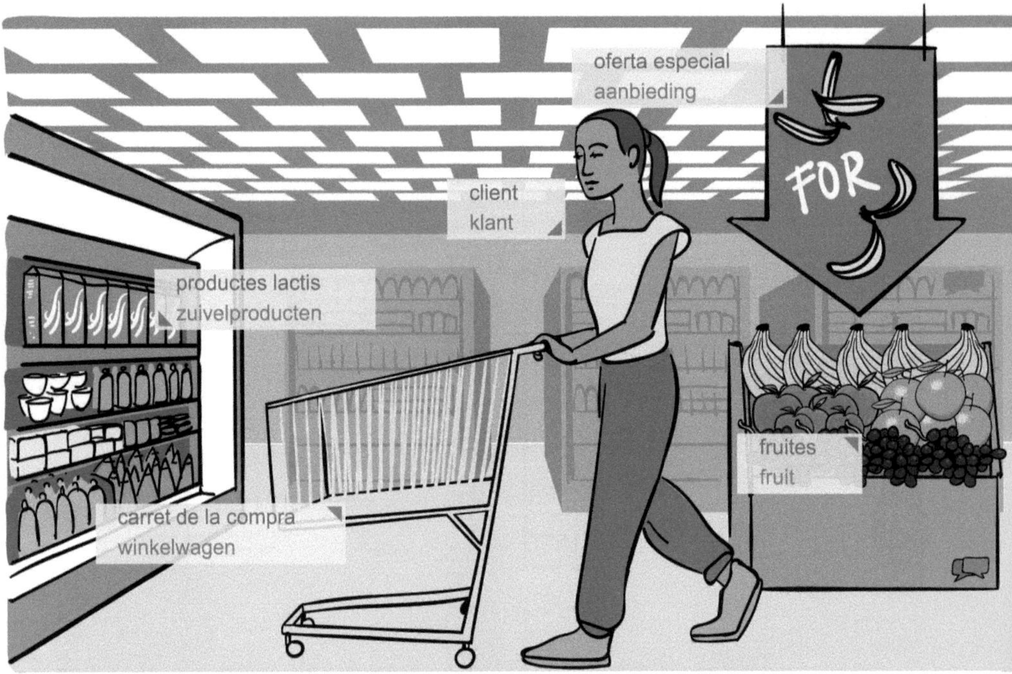

oferta especial
aanbieding

client
klant

productes lactis
zuivelproducten

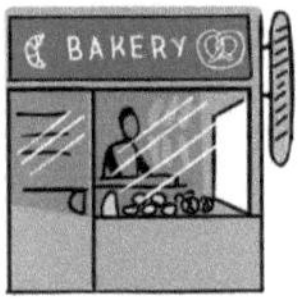

fruites
fruit

carret de la compra
winkelwagen

carnisseria	forn de pa	pesar
slagerij	bakkerij	wegen
	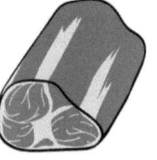	
verdures	carn	menjar congelat
groenten	vlees	diepvriesvoedsel

carn freda
charcuterie

conserves
conserven

detergent en pols
waspoeder

dolços
snoep

articles domèstics
huishoudproducten

productes de neteja
schoonmaakproducten

venedora
verkoopster

caixa registradora
kassa

caixera
kassier

llista de la compra
boodschappenlijstje

horari d'obertura
openingstijden

portamonedes
portefeuille

carta de crèdit
kredietkaart

bossa
tas

bossa de plàstic
plastieken zakje

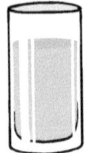

aigua

water

suc

sap

llet

melk

coca-cola

cola

vi

wijn

cervesa

bier

alcohol

alcohol

cacau

cacao

te

thee

cafè

koffie

espresso

espresso

cappuccino

cappuccino

banana

banaan

poma

appel

taronja

sinaasappel

síndria

meloen

llimona

citroen

pastanaga

wortel

all

knoflook

bambú

bamboe

ceba

ajuin

bolet

champignon

avellanes

noten

fideus

noodles

espaguetis

spaghetti

arròs

rijst

amanida

salade

patates fregides

frieten

patates fregides

gebakken aardappelen

pizza

pizza

hamburguesa

hamburger

entrepà

sandwich

escalopa

kalfslapje

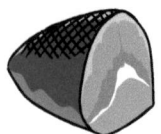

cuixot

ham

salami

salami

salsitxa

worst

pollastre

kip

rostit

braden

peix

vis

flocs de civada

havervlokken

musli

muesli

cereals

cornflakes

farina

bloem

croissant

croissant

panet

pistolet

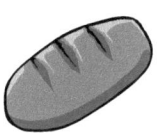

pa

brood

torrada

toast

bescuits

koekjes

mantega

boter

mató

kwark

pastís

taart

ou

ei

ou fregit

spiegelei

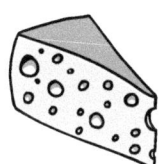

formatge

kaas

gelat

ijs

sucre

suiker

mel

honing

melmelada

confituur

crema de xocolata

choco

curri

curry

granja
boerderij

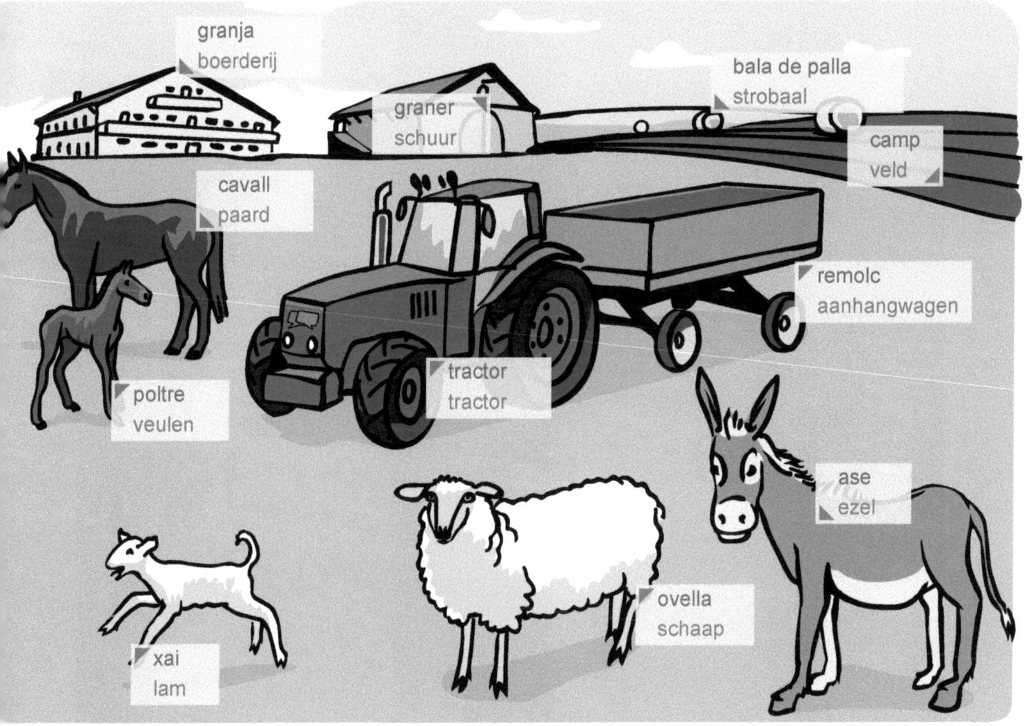

granja
boerderij
bala de palla
strobaal
graner
schuur
camp
veld
cavall
paard
remolc
aanhangwagen
tractor
tractor
poltre
veulen
ase
ezel
ovella
schaap
xai
lam

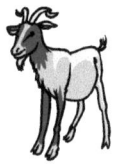

cabra

geit

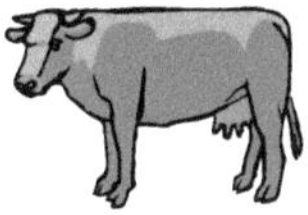

vaca

koe

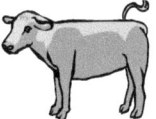

vedella

kalf

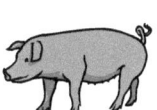

porc

varken

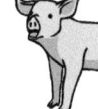

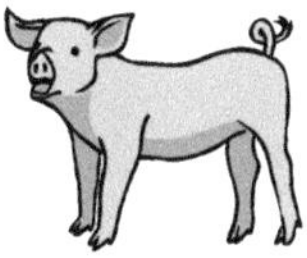

garrí

biggetje

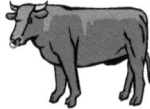

bou

stier

oca
gans

ànec
eend

poll
kuiken

gall
kip

gallina
haan

rata
rat

gat
kat

ratolí
muis

bou
os

gos
hond

gossera
hondenhok

mànega de regar
tuinslang

regadora
gieter

dalla
zeis

arada
ploeg

falç

sikkel

aixada

schoffel

forca

hooivork

destral

bijl

carretó

kruiwagen

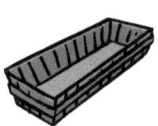

abeurador

trog

lletera

melkkan

sac

zak

tanca

hek

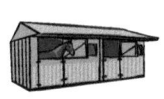

establa

stal

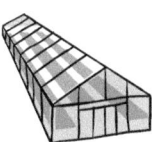

hivernacle

broeikas

sòl

bodem

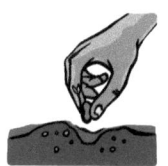

llavor

zaad

adob

mest

collidora

maaidorser

collir
oogsten

collita
oogst

nyam
yam

blat
tarwe

soja
soja

patata
aardappel

blat de moro o d'indi
maïs

colza
koolzaad

arbre fruiter
fruitboom

mandioca
maniok

cereals
graan

casa
huis

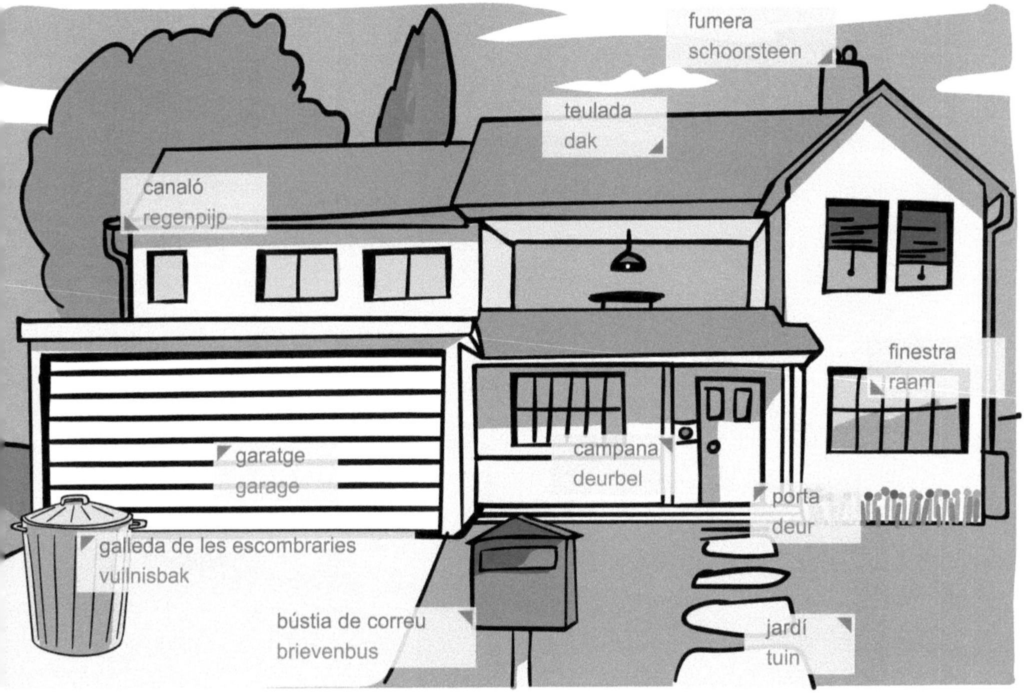

fumera
schoorsteen
teulada
dak
canaló
regenpijp
finestra
raam
garatge
garage
campana
deurbel
porta
deur
galleda de les escombraries
vuilnisbak
bústia de correu
brievenbus
jardí
tuin

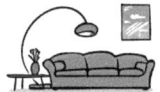

sala d'estar

woonkamer

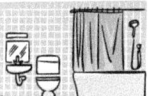

bany

badkamer

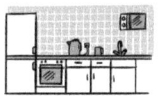

cuina

keuken

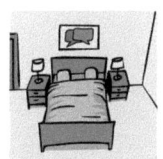

cambra de dormir

slaapkamer

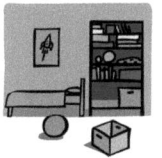

cambra de nen

kinderkamer

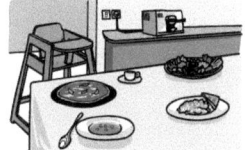

menjador

eetkamer

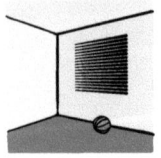	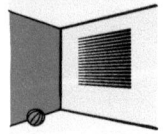	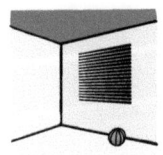
sòl	paret	sostre
vloer	muur	plafond

soterrani	sauna	balcó
kelder	sauna	balkon
	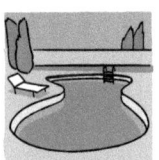	
terrassa	piscina	tallagespa
terras	zwembad	grasmaaier
		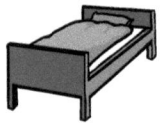
vànova	cobrellit	llit
dekbedovertrek	dekbed	bed

escombra	galleda	interruptor
bezem	emmer	schakelaar

sala d'estar
woonkamer

paper de paret
behangpapier
quadre
foto
làmpada
lamp
prestatge
schap
armari
kast
televisor
televisie
escalfapanxes
open haard
flor
bloem
coixí
kussen
sofà
sofa
gerro
vaas
telecomanda
afstandsbediening

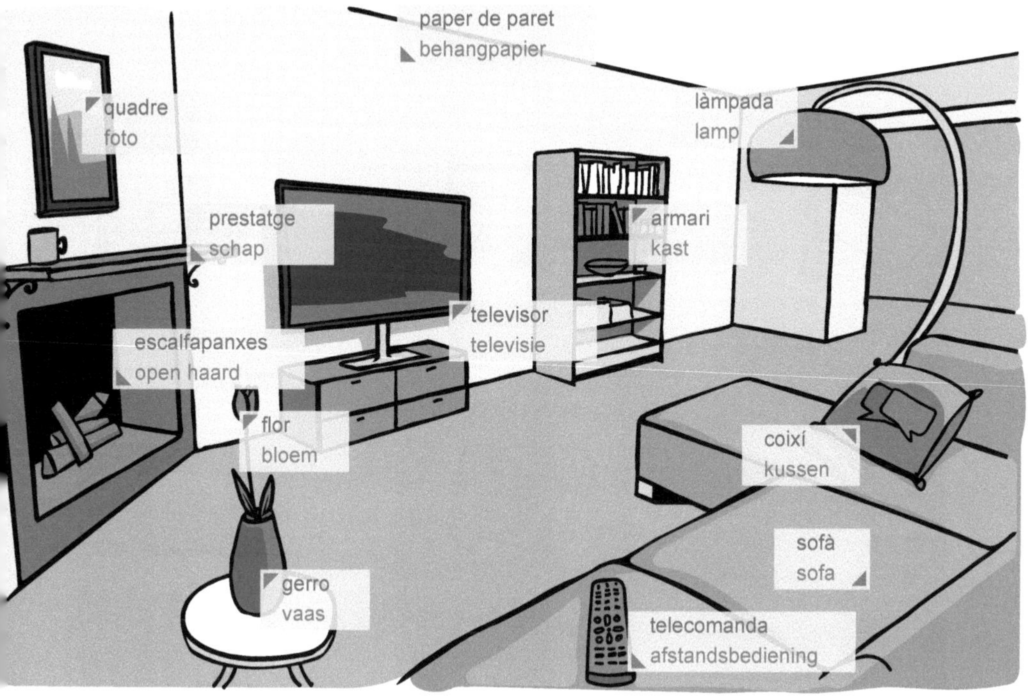

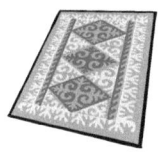

catifa

mat

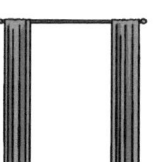

cortina

gordijn

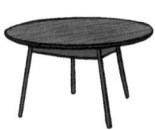

taula

tafel

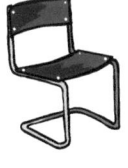

cadira

stoel

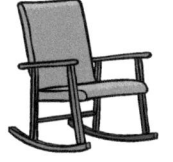

cadira gronxadora

schommelstoel

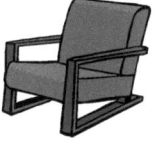

cadiral

fauteuil

llibre

boek

llençol

deken

decoració

decoratie

llenya

brandhout

film

film

cadena de música

stereo-installatie

clau

sleutel

diari

krant

pintura

schilderij

cartell

poster

ràdio

radio

bloc de notes

notitieboekje

aspiradora

stofzuiger

cactus

cactus

candela

kaars

cuina
keuken

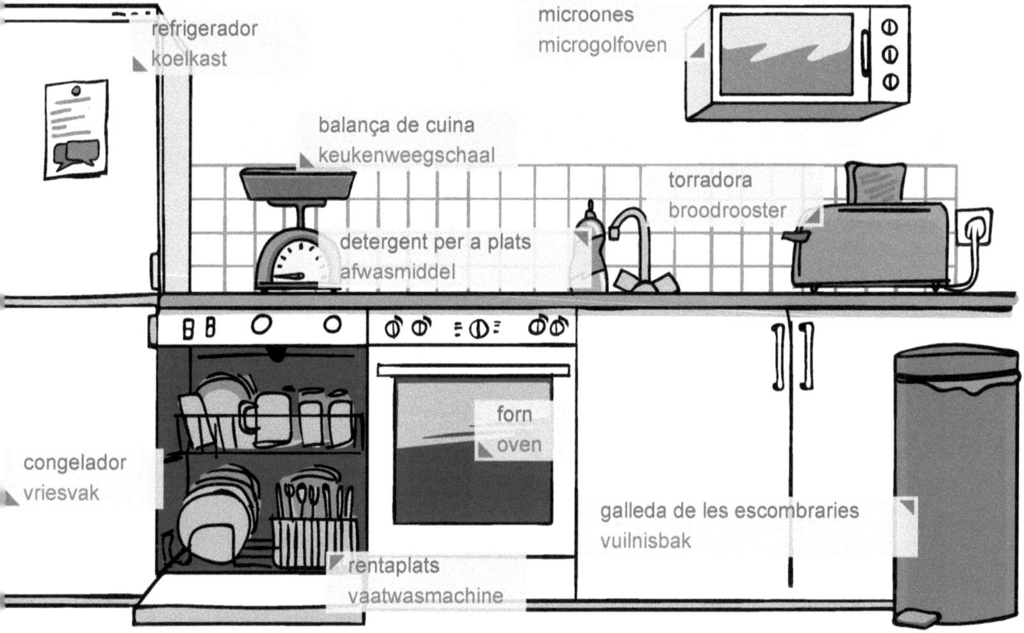

refrigerador
koelkast
microones
microgolfoven
balança de cuina
keukenweegschaal
torradora
broodrooster
detergent per a plats
afwasmiddel
forn
oven
congelador
vriesvak
galleda de les escombraries
vuilnisbak
rentaplats
vaatwasmachine

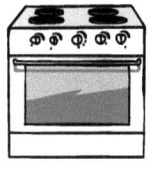

cuina de fogons

fornuis

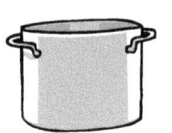

olla

pot

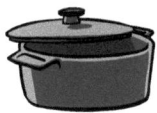

olla de ferro colat

gietijzeren pot

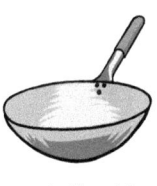

wok / karahi

wok / kadai

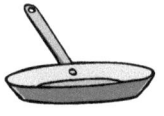

paella

pan

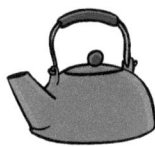

bullidor

waterkoker

olla de vapor

stoomkoker

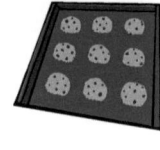

plata de forn

bakplaat

vaixella

servies

tassa grossa

mok

bol

kom

bastonets xinesos

eetstokjes

culler

pollepel

espàtula

spatel

batedor

garde

colador

vergiet

sedàs

zeef

ratllador

rasp

morter

mortier

barbacoa

barbecue

foc a terra

haardvuur

taula de tallar

snijplank

corró

deegrol

llevataps

kurkentrekker

pot de conserva

blik

obridor

blikopener

agafador

pannenlap

aigüera

gootsteen

raspall

borstel

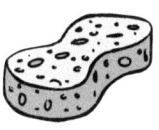

esponja

spons

batedora

blender

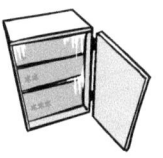

congelador

vriezer

biberó

papfles

aixeta

kraan

bany
badkamer

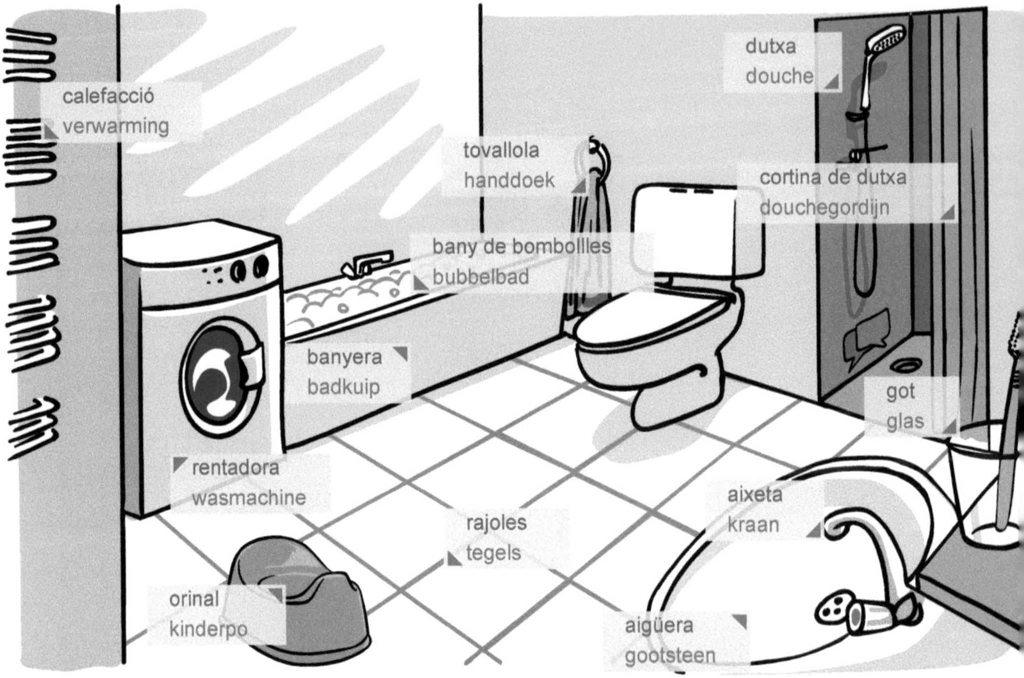
calefacció
verwarming
tovallola
handdoek
dutxa
douche
cortina de dutxa
douchegordijn
bany de bombollles
bubbelbad
banyera
badkuip
rentadora
wasmachine
got
glas
aixeta
kraan
rajoles
tegels
orinal
kinderpo
aigüera
gootsteen

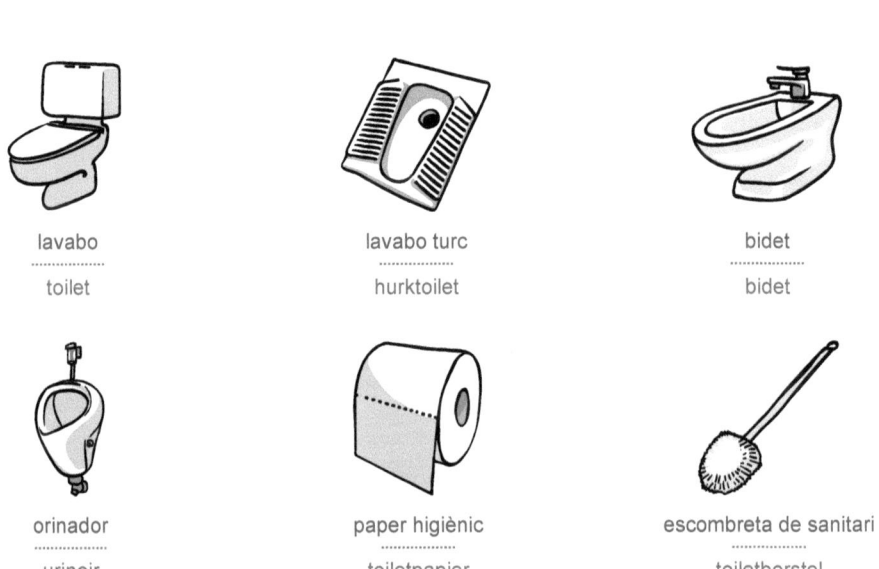

lavabo

toilet

lavabo turc

hurktoilet

bidet

bidet

orinador

urinoir

paper higiènic

toiletpapier

escombreta de sanitari

toiletborstel

raspall de dents

tandenborstel

pasta de dents

tandpasta

fil dental

flosdraad

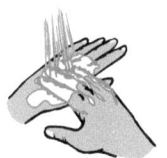

rentar

wassen

pom de dutxa

handdouche

dutxa íntima

bidethanddouche

rentamans

waskom

raspall per a l'esquena

rugborstel

sabó

zeep

gel de dutxa

douchegel

xampú

shampoo

manyopla de bany

washandje

bonera

afvoer

crema

crème

desodorant

deodorant

mirall
spiegel

mirall-espill de mà
handspiegel

maquineta de rasar
scheermes

espuma de barbejar
scheerschuim

loció post-rasada
aftershave

pinta
kam

raspall
borstel

eixugador
haardroger

laca
haarlak

maquillatge
make-up

pintallavis
lippenstift

esmalt d'ungles
nagellak

cotó
watten

tallaungles
nagelknipper

perfum
parfum

estoig de bellesa

toilettas

tamboret

kruk

bàscula

weegschaal

barnús

badjas

guants de goma

latex handschoenen

compresa higiènica

tampon

compresa

maandverband

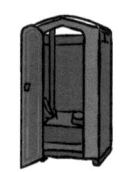

sanitari químic

chemisch toilet

cambra de nen
kinderkamer

despertador
wekker
animal de peluix
knuffel
auto de joguina
speelgoedauto
sonall
rammelaar
casa de nines
poppenhuis
present
geschenk

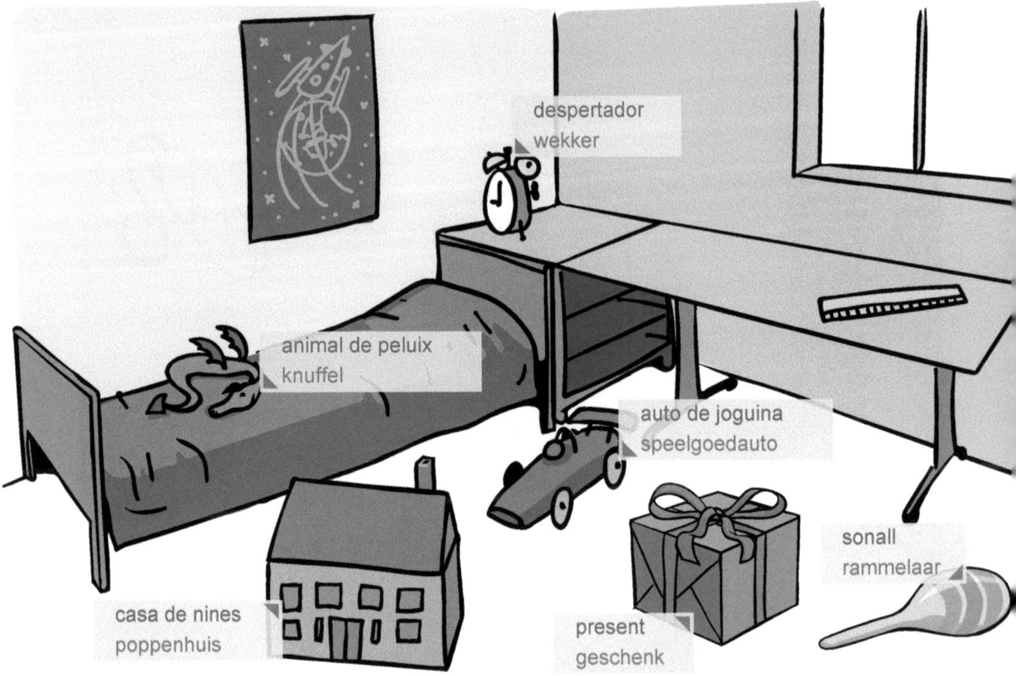

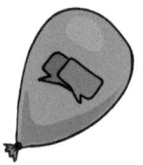

baló

ballon

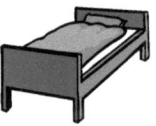

llit

bed

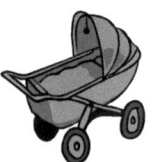

cotxet per a nens

kinderwagen

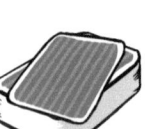

joc de cartes

spel kaarten

trencaclosca

puzzel

SUPER MEGA

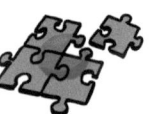

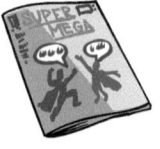

historieta

stripboek

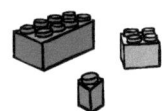

peces de lego

legoblokjes

peces de construcció

blokken

ninot d'acció

actiefiguur

granota

kruippakje

frisbee

frisbee

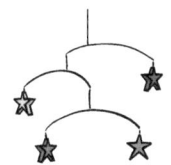

mòbil per a bressol

mobiel

joc de taula

bordspel

daus

dobbelsteen

tren elèctric

modelspoorweg

xumet

fopspeen

festa

feest

llibre de dibuixos

prentenboek

pilota

bal

nina

pop

jugar

spelen

sorrera

zandbak

gronxador

schommel

joguines

speelgoed

consola de jocs de vídeo

spelconsole

tricicle

driewieler

osset de peluix

knuffelbeer

armari

kleerkast

roba

kleding

mitjons

sokken

mitges

kousen

mitja pantaló

maillot

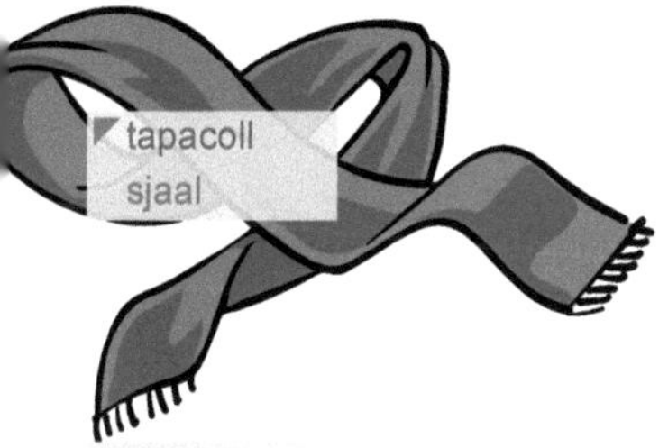

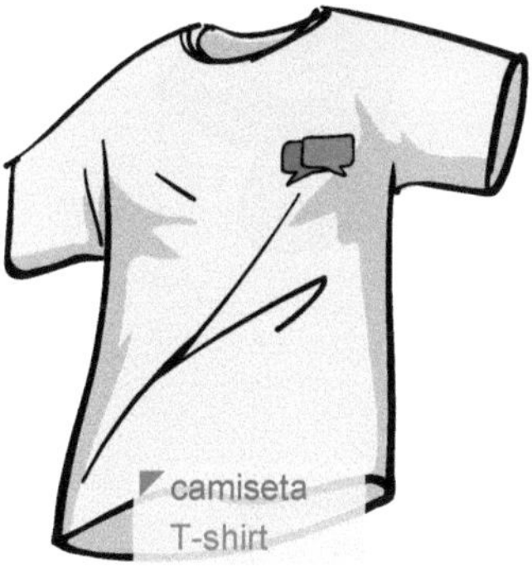

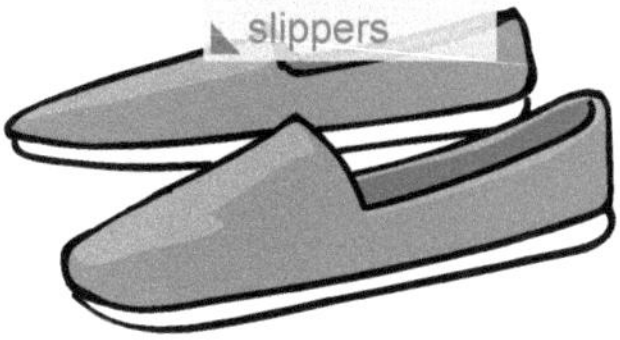

tapacoll
sjaal

cintura
riem

paraigua
paraplu

camiseta
T-shirt

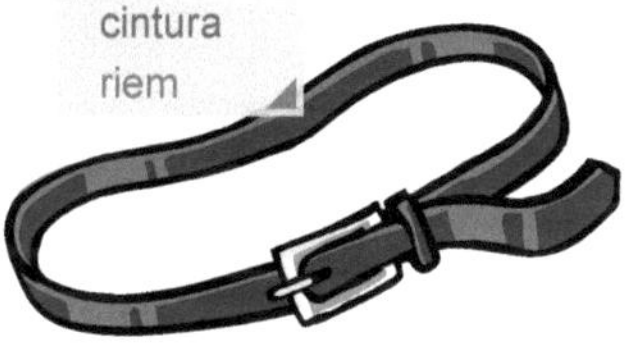

botes
laarzen

plantofes
slippers

sabates d'esport
sneakers

sandàlies
....
sandalen

sabates
....
schoenen

botes de goma
....
rubberlaarzen

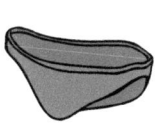

calçonets
....
onderbroek

sostenidor
....
beha

guardapits
....
onderhemd

jjustacòs

lichaam

pantalons

broek

jeans

jeans

faldeta

rok

brusa

blouse

camisa

hemd

jersei

trui

dessuadora

capuchontrui

blazer

blazer

jaqueta

jas

mantell

jas

impermeable

regenjas

vestit de dona

kostuum

vestit de dona

jurk

vestit de núvia

trouwjurk

vestit d'home
pak

camisa de dormir
nachthemd

pijama
pyjama

sari
sari

mocador de cap
hoofddoek

turbant
tulband

burca
boerka

caftan
kaftan

abaia
abaya

vestit de bany
badpak

calçon(et)s de bany
zwembroek

pantalons curts
short

xandall
trainingspak

davantal
schort

guants
handschoenen

botó

knoop

ulleres

bril

braçalet

armband

collaret

ketting

anell

ring

orellera

oorbel

casquet

pet

penjador

kapstok

capell

hoed

corbata

das

cremallera

rits

casc

helm

elàstics

bretellen

uniforme escolar

schooluniform

uniforme

uniform

pitet

slabbetje

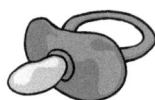

xumet

fopspeen

bolquer

luier

oficina
kantoor

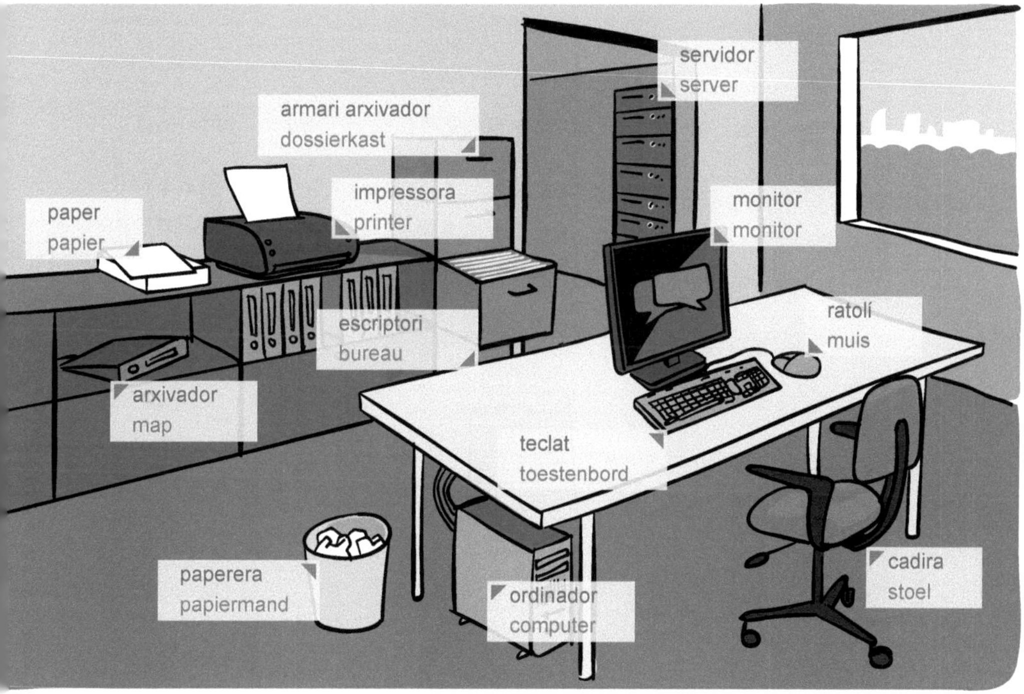

servidor
server

armari arxivador
dossierkast

impressora
printer

paper
papier

monitor
monitor

escriptori
bureau

ratolí
muis

arxivador
map

teclat
toestenbord

paperera
papiermand

ordinador
computer

cadira
stoel

tassa de cafè

koffiemok

calculadora

rekenmachine

Internet

internet

ordinador portàtil

laptop

lletra

brief

missatge

bericht

mòbil

gsm

xarxa

netwerk

fotocopiadora

kopieerapparaat

programari

software

telèfon

telefoon

presa de corrent

stopcontact

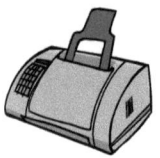

fax

fax

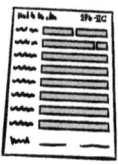

formulari

formulier

document

document

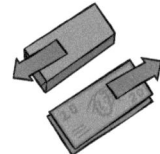

comprar
....
kopen

pagar
....
betalen

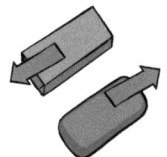

comerciar
....
handelen

diners
....
geld

USD

dòlar
....
dollar

EUR

euro
....
euro

JPY

ien
....
yen

RUB

ruble
....
roebel

CHF

franc suís
....
Zwitserse frank

CNY

renminbi
....
Chinese renminbi

INR

rupia
....
roepie

caixa automàtica
....
geldautomaat

oficina de canvi

wisselkantoor

or

goud

argent

zilver

petroli

olie

energia

energie

preu

prijs

contracte

contract

impost

belasting

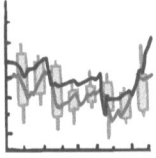

acció

aandeel

treballar

werken

treballador

werknemer

empresari

werkgever

fàbrica

fabriek

botiga

winkel

oficis
beroepen

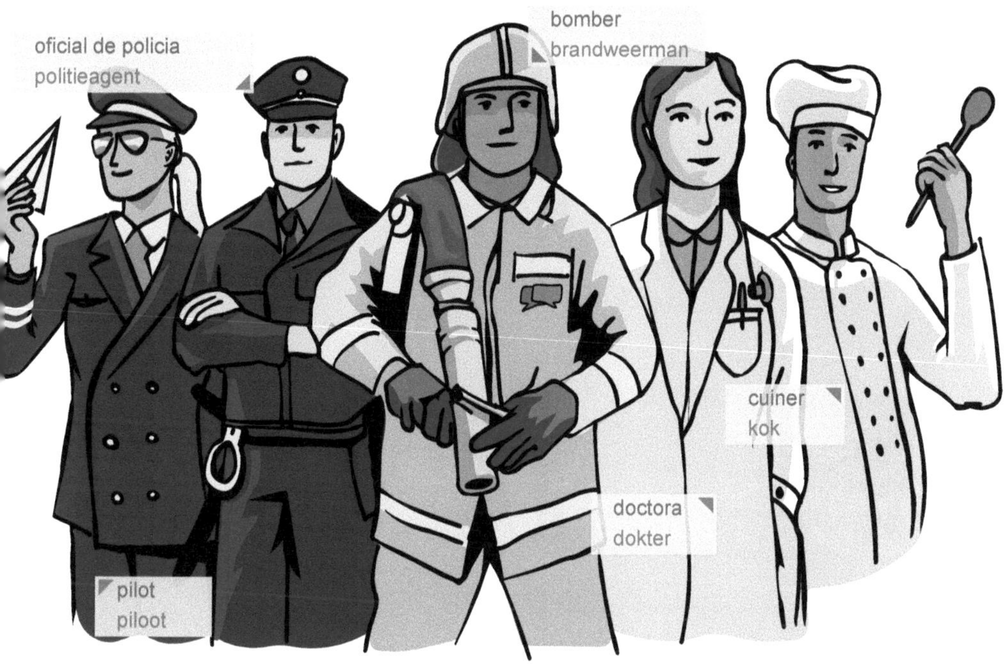
bomber
brandweerman
oficial de policia
politieagent
cuiner
kok
doctora
dokter
pilot
piloot

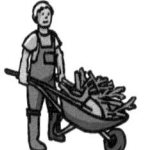

jardiner

tuinman

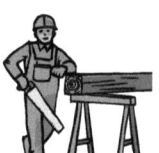

fuster

timmerman

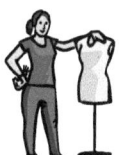

costurera

naaister

jutge

rechter

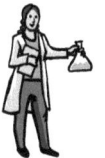

química

chemicus

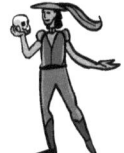

actor

acteur

conductor d'autobús

buschauffeur

taxista

taxichauffeur

pescador

visser

dona de la neteja

schoonmaakster

ensostrador

dakdekker

cambrer

ober

caçador

jager

pintor

schilder

forner

bakker

electricista

elektricien

obrer de la construcció

bouwvakker

enginyer

ingenieur

carnisser

slager

llanterner

loodgieter

correu

postbode

soldat
soldaat

arquitecte
architect

caixera
kassier

florista
bloemist

perruquer
kapper

revisor
conducteur

mecànic
mecanicien

capità
kapitein

dentista
tandarts

científic
wetenschapper

rabí
rabbijn

imam
imam

monjo
monnik

capellà
geestelijke

eines

werktuigen

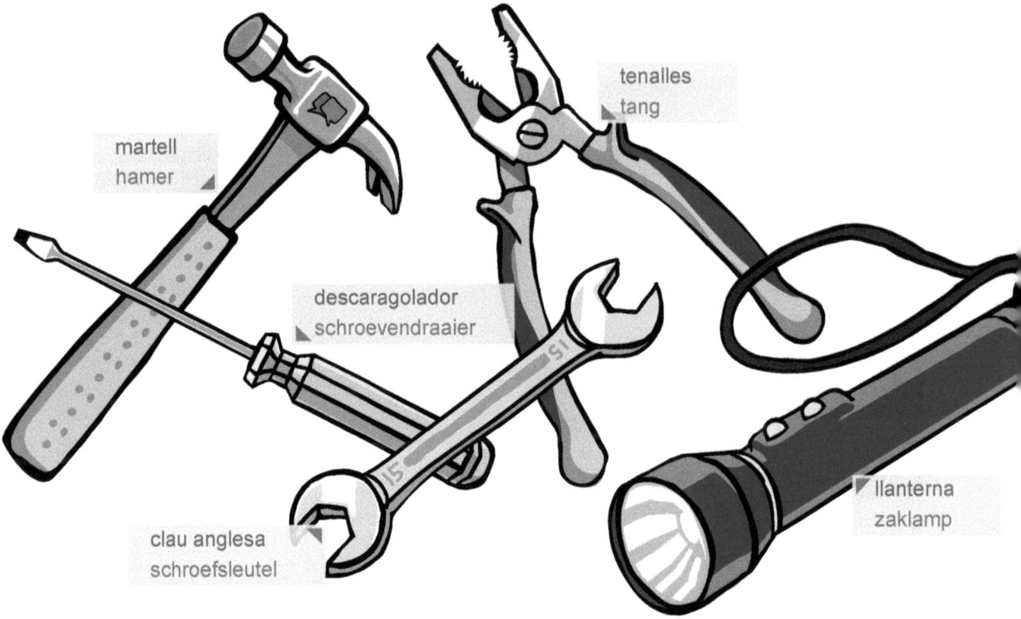

martell
hamer
tenalles
tang
descaragolador
schroevendraaier
llanterna
zaklamp
clau anglesa
schroefsleutel

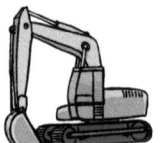

excavadora

graafmachine

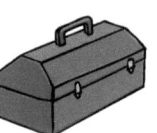

caixa d'eines

gereedschapskoffer

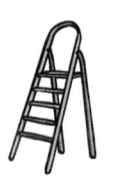

escala

ladder

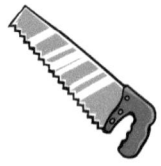

serra

zaag

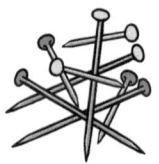

claus

spijkers

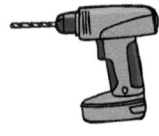

trepant

boormachine

reparar
repareren

pala
schop

Maleït siga!
Verdomme!

pala
blik

pot de pintura
verfpot

caragols
schroeven

instrument de música
muziekinstrumenten

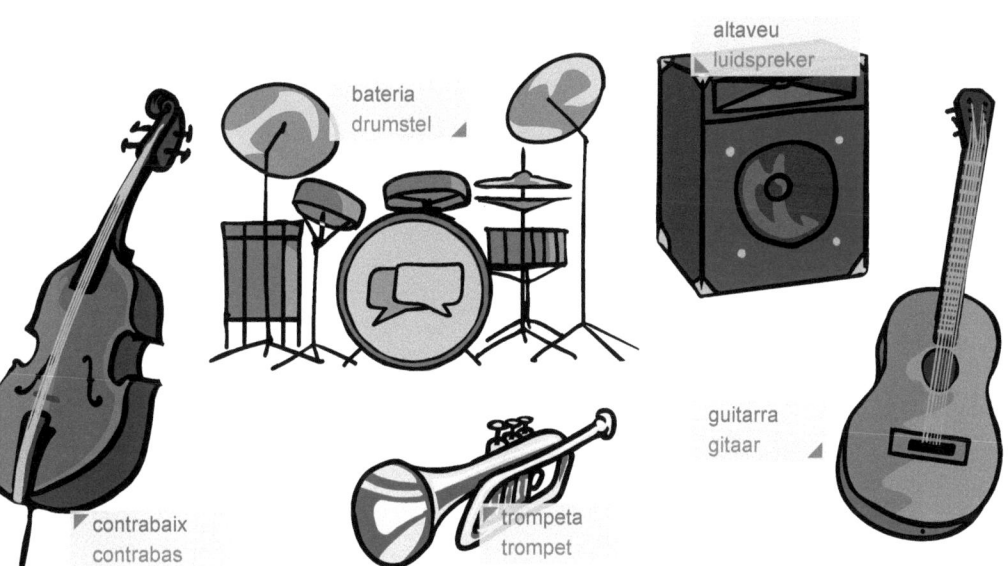

altaveu
luidspreker

bateria
drumstel

guitarra
gitaar

contrabaix
contrabas

trompeta
trompet

piano	violí	baix
piano	viool	basgitaar

timbal	tambor	teclat
pauk	trommels	keyboard

saxofon	flauta	micròfon
saxofoon	fluit	microfoon

ZOO

ZOO

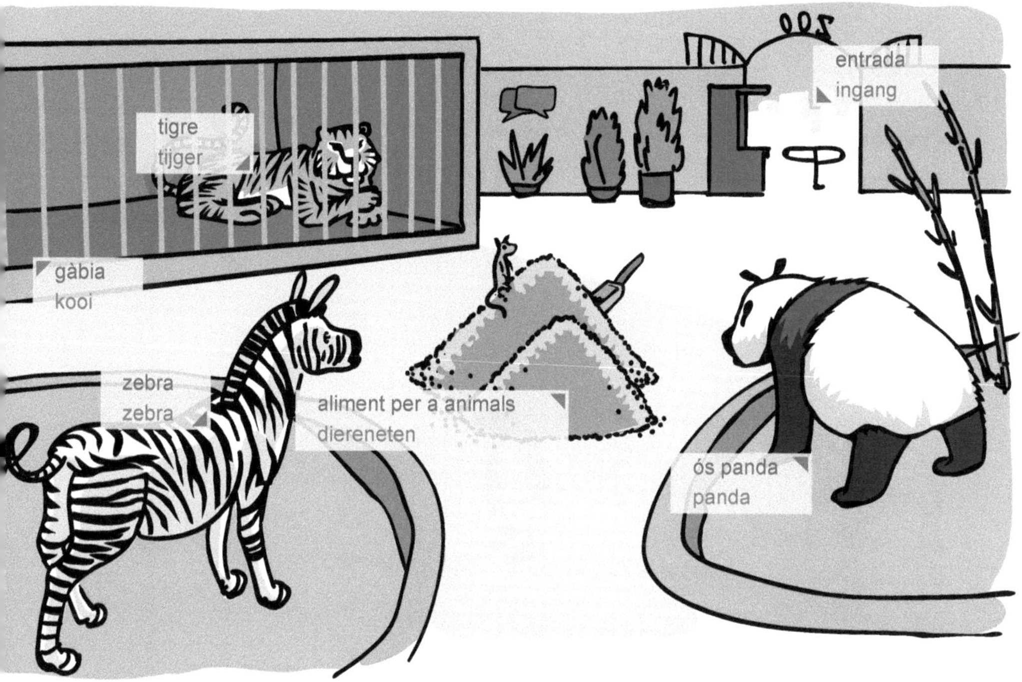

entrada
ingang
tigre
tijger
gàbia
kooi
zebra
zebra
aliment per a animals
diereneten
ós panda
panda

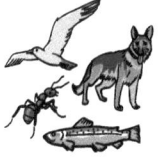

animals

dieren

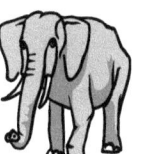

elefant

olifant

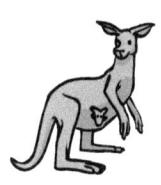

cangurú

kangoeroe

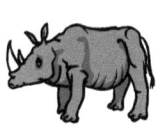

rinoceront

neushoorn

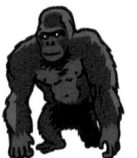

goril·la

gorilla

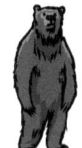

ós

beer

camell

kameel

estruç

struisvogel

lleó

leeuw

simi

aap

flamenc

flamingo

papagai

papegaai

ós polar

ijsbeer

pingüí

pinguïn

ca mari

haai

paó

pauw

serp

slang

cocodril

krokodil

guardià del zoo

dierenverzorger

foca

zeehond

jaguar

jaguar

60

zoo - zoo

poni

pony

lleopard

luipaard

hipopòtam

nijlpaard

girafa

giraffe

àliga

adelaar

senglar

wild zwijn

peix

vis

tortuga

zeeschildpad

morsa

walrus

guineu

vos

gasela

gazelle

futbol americà
rugby

ciclisme
wielrennen

tenis
tennis

bàsquet
basketbal

natació
zwemmen

boxa
boksen

hoquei sobre gel
ijshockey

futbol americà
voetbal

bàdminton
badminton

atletisme
atletiek

handbol
handbal

esquí
skiën

polo
polo

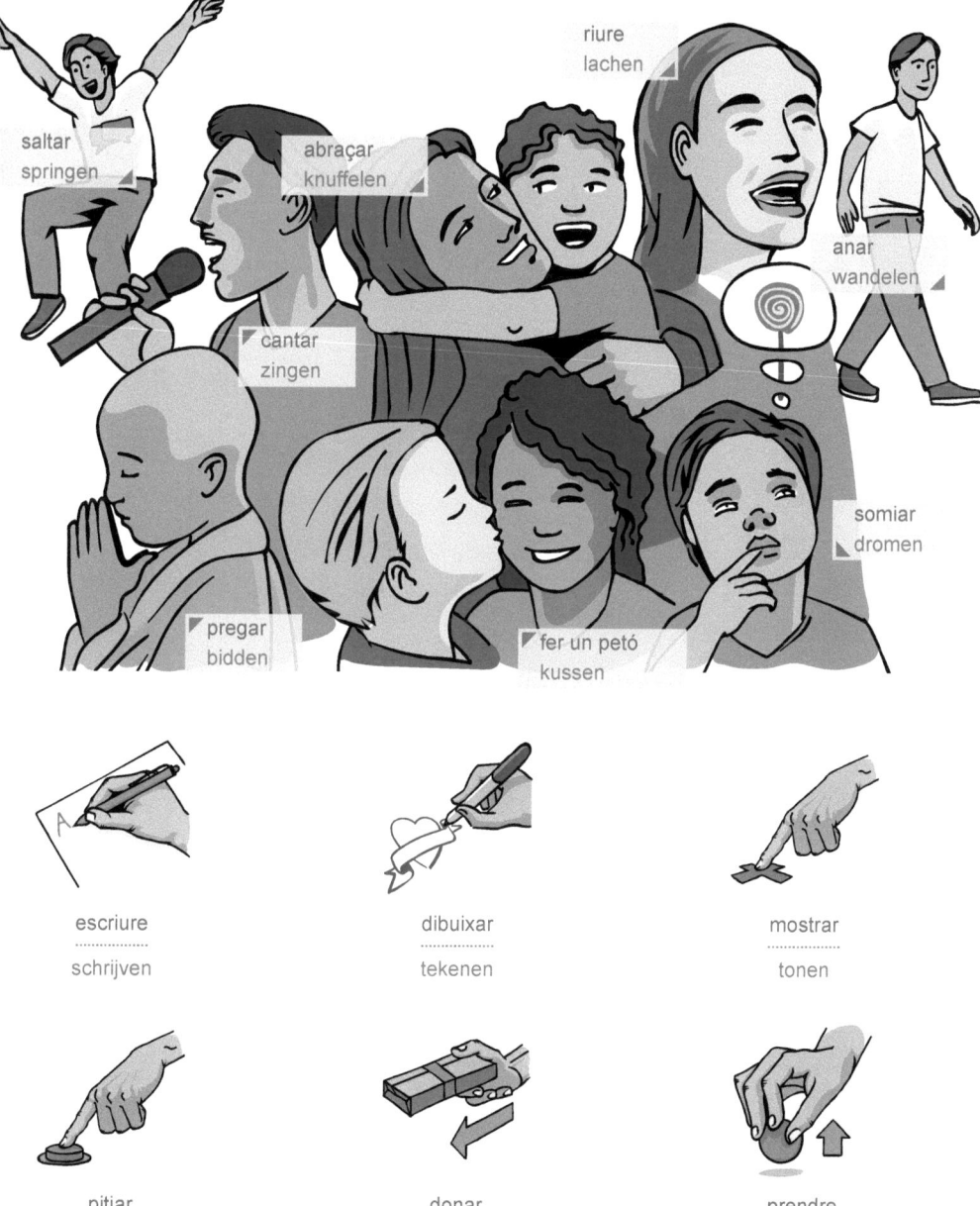

saltar
springen

abraçar
knuffelen

riure
lachen

cantar
zingen

anar
wandelen

pregar
bidden

fer un petó
kussen

somiar
dromen

escriure
schrijven

dibuixar
tekenen

mostrar
tonen

pitjar
duwen

donar
geven

prendre
nemen

tenir

hebben

fer

doen

ésser

zijn

estar dret

staan

córrer

lopen

estirar

trekken

llançar

gooien

caure

vallen

jeure

liggen

esperar

wachten

portar

dragen

asseure's

zitten

vestir-se

aankleden

dormir

slapen

despertar-se

ontwaken

mirar

kijken naar

plorar

wenen

amoixar

aaien

pentinar

kammen

parlar

praten

comprendre

begrijpen

demanar

vragen

escoltar

luisteren

beure

drinken

menjar

eten

endreçar

opruimen

estimar

houden van

cuinar

koken

conduir

rijden

volar

vliegen

navegar
zeilen

calcular
rekenen

llegir
Lezen

aprendre
leren

treballar
werken

casar-se
trouwen

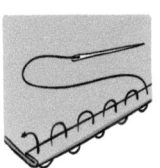

cosir
naaien

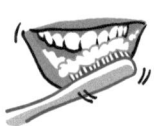

raspallar-se les dents
tandenpoetsen

matar
doden

fumar
roken

enviar
sturen

família
familie

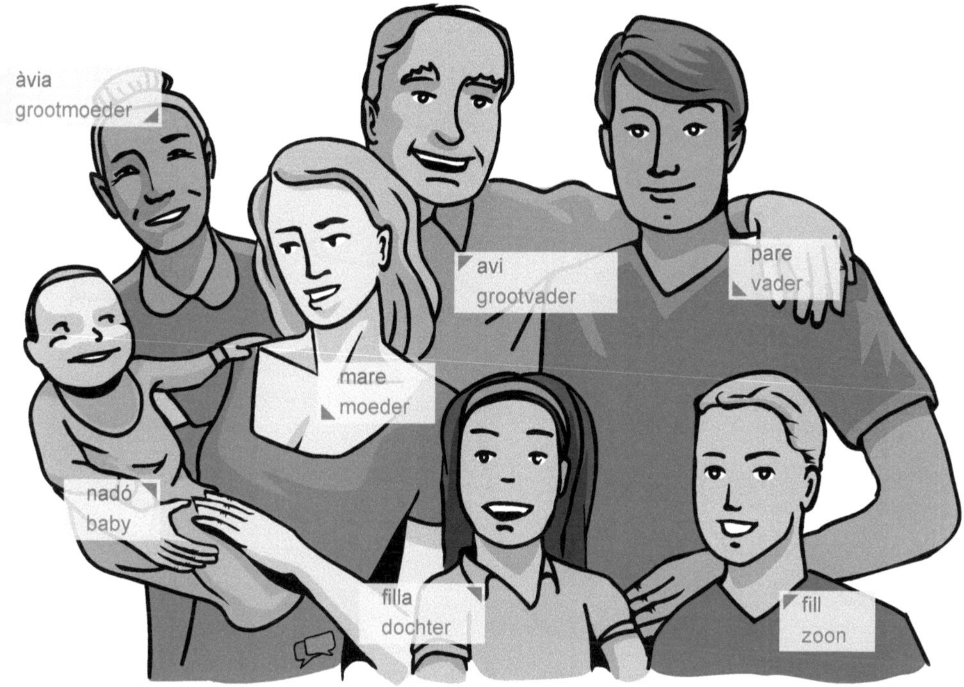

àvia
grootmoeder
avi
grootvader
pare
vader
mare
moeder
nadó
baby
filla
dochter
fill
zoon

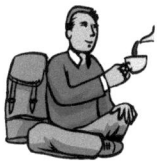

convidat

gast

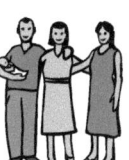

tia

tante

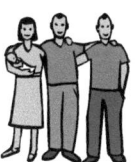

oncle

oom

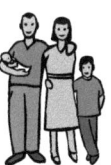

germà

broer

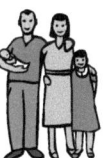

germana

zus

cos
lichaam

front
voorhoofd
ull
oog
espatlla
schouder
dit
vinger
cara
gezicht
barbeta
kin
mà
hand
cama
been
pit
borst
braç
arm

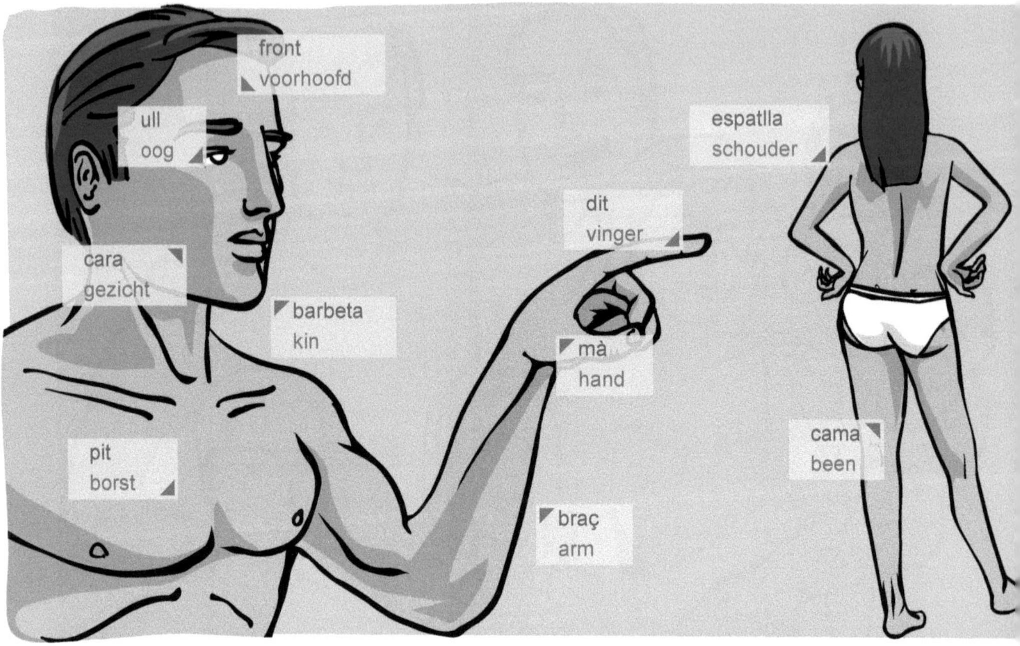

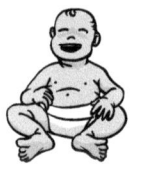

nadó
baby

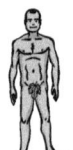

home
man

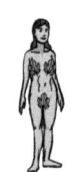

dona
vrouw

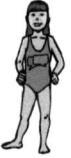

noia
meisje

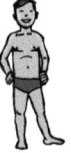

noi
jongen

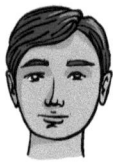

cap
hoofd

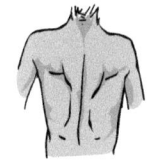

esquena
rug

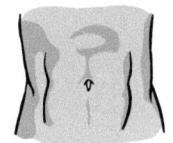

panxa
buik

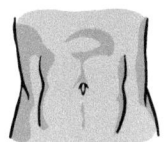

melic
navel

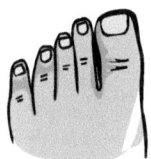

dit gros del peu
teen

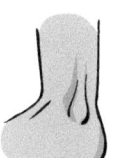

taló
hiel

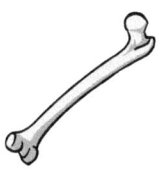

os
bot

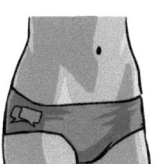

maluc
heup

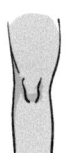

genoll
knie

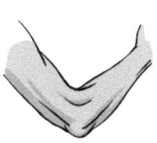

colze
elleboog

nas
neus

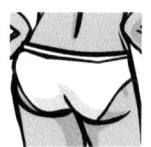

cul
zitvlak

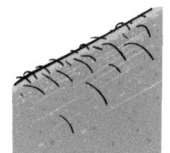

pell
huid

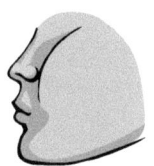

galta
wang

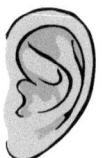

orella
oor

llavi
lip

boca

mond

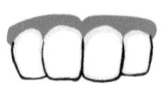

dent

tand

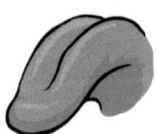

llengua

tong

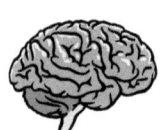

cervell

hersenen

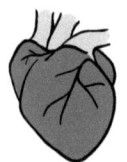

cor

hart

múscul

spier

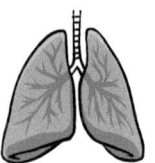

pulmó

long

fetge

lever

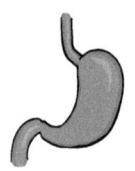

estómac

maag

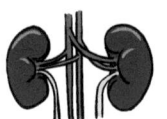

ronyó

nieren

relació sexual

seks

preservatiu

condoom

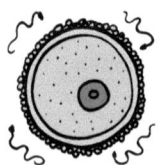

ovari

eicel

semen

sperma

prenyat

zwangerschap

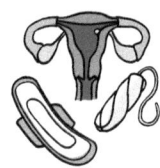

menstruació

menstruatie

vagina

vagina

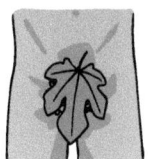

penis

penis

cella

wenkbrauw

cabells

haar

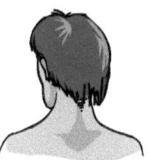

coll

nek

hospital
ziekenhuis

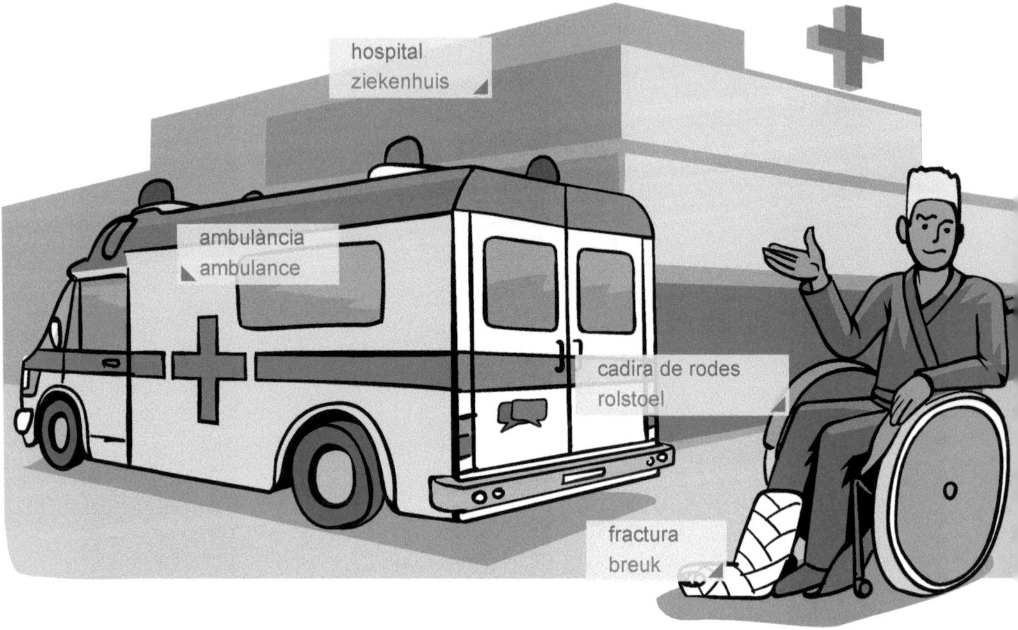

hospital
ziekenhuis
ambulància
ambulance
cadira de rodes
rolstoel
fractura
breuk

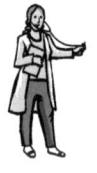

doctora
dokter

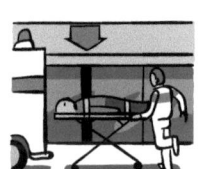

sala d'urgències
spoed

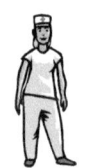

infermera
verpleegkundige

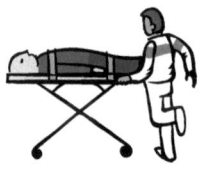

urgència
noodgeval

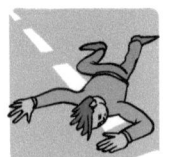

inconscient
bewusteloos

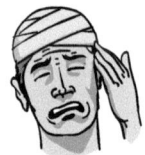

dolor
pijn

ferida

verwonding

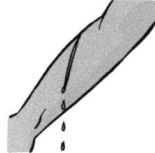

sagnament

bloeding

atac de cor

hartaanval

apoplexia

beroerte

al·lèrgia

allergie

tos

hoest

febre

koorts

gripa

griep

diarrea

diarree

mal de cap

hoofdpijn

càncer

kanker

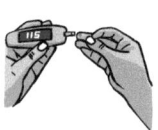

diabetis

diabetes

cirurgià

chirurg

escalpel

scalpel

operació

operatie

tomografia computada (TC), TAC
....
CT

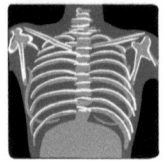

raigs x
....
röntgenstraal

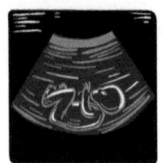

ultrasò
....
ultrageluid

mascareta
....
gezichtsmasker

malaltia
....
ziekte

sala d'espera
....
wachtkamer

crossa
....
kruk

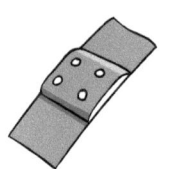

tireta
....
pleister

embenat
....
verband

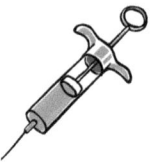

injecció
....
injectie

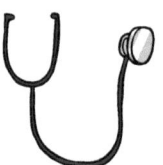

estetoscopi
....
stethoscoop

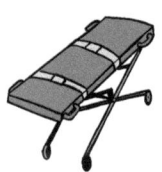

llitera
....
brancard

termòmetre clínic
....
thermometer

pariment
....
geboorte

sobrepès
....
overgewicht

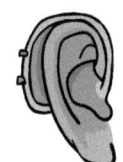

aparell auditiu

hoorapparaat

desinfectant

ontsmettingsmiddel

infecció

infectie

virus

virus

VIH / SIDA

HIV / AIDS

medicina

medicijn

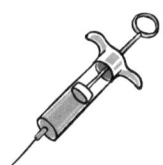

vaccí

vaccinatie

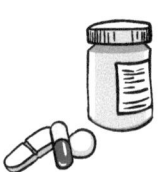

comprimits

tabletten

píl·lola

pil

trucada d'urgència

noodoproep

tensiòmetre

bloeddrukmeter

malalt / sà

ziek / gezond

Socors!

Help!

alarma

alarm

assalt

overval

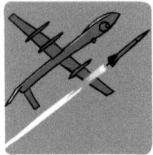

atac

aanval

perill

gevaar

sortida-eixida d'urgència

nooduitgang

Foc!

Brand!

extintor

brandblusser

accident

ongeval

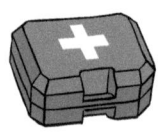

farmaciola de primers auxilis

EHBO-kit

SOS

SOS

policia

politie

Europa

Europa

Amèrica del Nord

Noord-Amerika

Amèrica del Sud

Zuid-Amerika

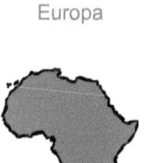

Àfrica

Afrika

Àsia

Azië

Austràlia

Australië

Atlàntic

Atlantische Oceaan

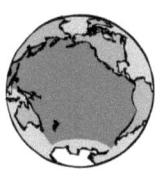

Pacífic

Stille Oceaan

Oceà Índic

Indische Oceaan

Oceà Antàrtic

Antarctische Oceaan

Oceà Àrtic

Arctische Oceaan

pol nord

Noordpool

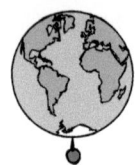

pol sud

Zuidpool

Antàrtida

Antarctica

terra

aarde

país

land

mar

zee

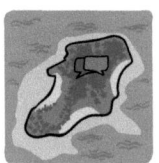

illa

eiland

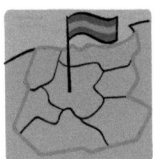

nació

natie

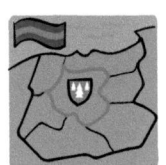

estat

staat

quadrant

wijzerplaat

agulla de les hores

uurwijzer

agulla dels minuts

minuutwijzer

agulla dels segons

secondewijzer

Quina hora és?

Hoe laat is het?

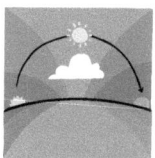

dia

dag

temps

tijd

ara

nu

rellotge digital

digitale horloge

minut

minuut

hora

uur

setmana
week

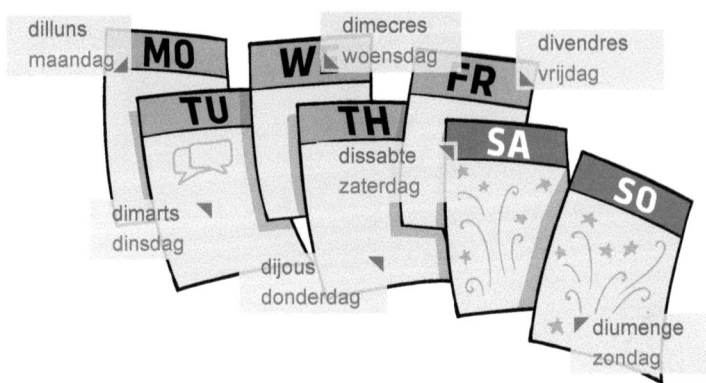

dilluns / maandag — MO
dimarts / dinsdag — TU
dimecres / woensdag — W
dijous / donderdag — TH
divendres / vrijdag — FR
dissabte / zaterdag — SA
diumenge / zondag — SO

ahir

gisteren

avui

vandaag

demà

morgen

matí

ochtend

migdia

middag

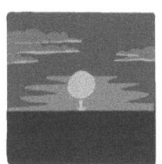

tarda

avond

dia feiner

werkdagen

cap de setmana

weekend

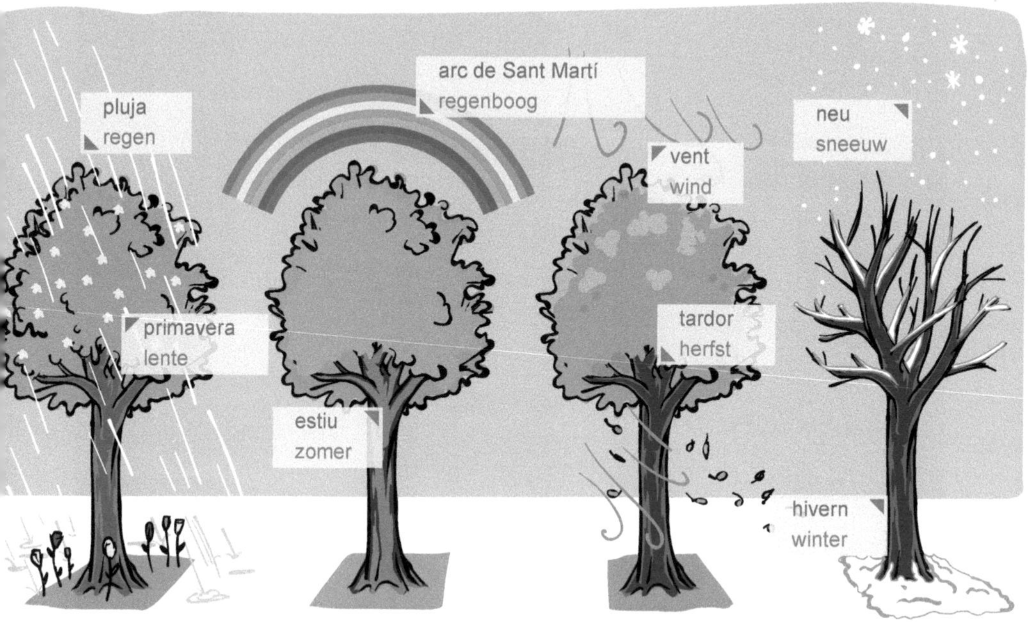

pluja
regen

arc de Sant Martí
regenboog

neu
sneeuw

vent
wind

primavera
lente

tardor
herfst

estiu
zomer

hivern
winter

4.APRIL	11°	☀
5.APRIL	4°	☁
6.APRIL	13°	☂
7.APRIL	8°	☀
8.APRIL	10°	☀

pronòstic del temps

weervoorspelling

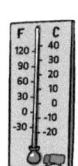

termòmetre

thermometer

llum del sol

zonneschijn

núvol

wolk

boira

mist

humiditat de l'aire

vochtigheid

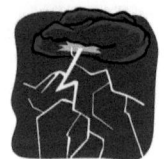

llamp

bliksem

tro

donder

tempesta

storm

calamarsa

hagel

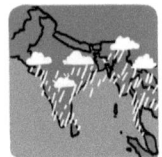

monsó

moesson

inundació

overstroming

gel

ijs

gener

januari

febrer

februari

març

maart

abril

april

maig

mei

juny

juni

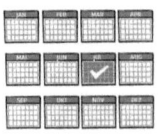

juliol

juli

agost

augustus

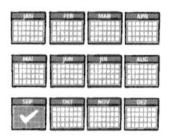

setembre
....
september

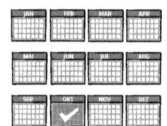

octubre
....
oktober

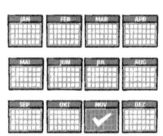

novembre
....
november

desembre
....
december

cercle
....
cirkel

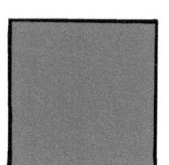

quadrat
....
kwadraat

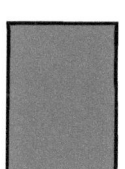

rectangle
....
rechthoek

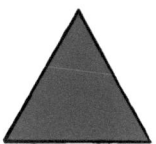

triangle
....
driehoek

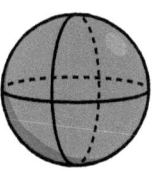

esfera
....
bol

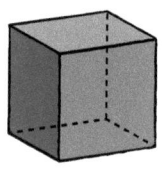

cub
....
kubus

blanc

wit

groc

geel

taronja

oranje

rosa

roze

vermell

rood

lila

paars

blau

blauw

verd

groen

marró

bruin

gris

grijs

negre

zwart

molt / poc

veel / weinig

emprenyat / tranquil

boos / kalm

bonic / lleig

mooi / lelijk

començament / fi

begin / einde

gran / petit

groot / klein

clar / fosc

licht / donker

germà / germana

broer / zus

net / brut

proper / vuil

complet / incomplet

volledig / onvolledig

dia / nit

dag / nacht

mort / viu

dood / levend

ample / estret

breed / smal

comestible / immenjable

eetbaar / oneetbaar

dolent / amable

kwaadaardig / vriendelijk

entusiasmat / entediat

opgewonden / verveeld

gros / prim

dik / dun

primer / darrer

eerst / laatst

amic / enemic

vriend / vijand

ple / buit

vol / leeg

dur / tou

hard / zacht

pesant / lleuger

zwaar / licht

gana / set

honger / dorst

malalt / sà

ziek / gezond

il·legal / legal

illegaal / legaal

intel·ligent / ximple

intelligent / dom

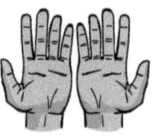

esquerra / dreta

links / rechts

prop / llunyà

dichtbij / veraf

nou / usat

nieuw / gebruikt

res / quelcom

niets / iets

vell / jove

oud / jong

encès / apagat

aan / uit

obert / tancat

open / dicht

silenciós / sorollós

stil / luid

ric / pobre

rijk / arm

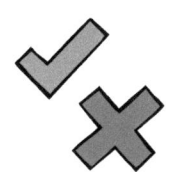

correcte / incorrecte

juist / fout

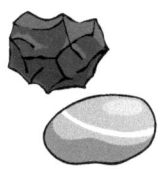

aspre / suau

ruw / glad

trist / content

droevig / blij

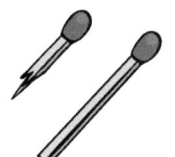

curt / llarg

kort / lang

lent / ràpid

traag / snel

humit / sec - eixut

nat / droog

calent / fred

warm / koud

guerra / pau

oorlog / vrede

0

zero

nul

1

u

één

2

dos

twee

3

tres

drie

4

quatre

vier

5

cinc

vijf

6

sis

zes

7

set

zeven

8

vuit

acht

9

nou

negen

10

deu

tien

11

onze

elf

12

dotze

twaalf

13

tretze

dertien

14

catorze

veertien

15

quinze

vijftien

16

setze

zestien

17

disset

zeventien

18

divuit

achtien

19

dinou

negentien

20

vint

twintig

100

cent

honderd

1.000

mil

duizend

1.000.000

milió

miljoen

anglès

Engels

anglès americà

Amerikaans Engels

xinès mandarí

Chinees (Mandarijn)

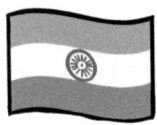

hindi

Hindi

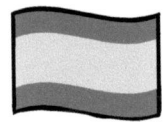

espanyol

Spaans

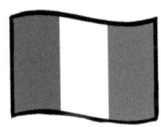

francès

Frans

àrab

Arabisch

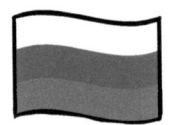

rus

Russisch

portuguès

Portugees

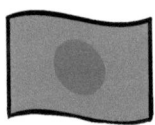

bengalí

Bengali

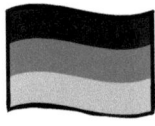

alemany

Duits

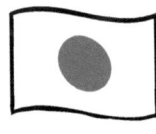

japonès

Japans

jo
ik

tu
u

ell / ella / allò
hij / zij / het

nosaltres
wij

vosaltres
u

ells
ze

qui?
wie?

què?
wat?

com?
hoe?

on?
waar?

quan?
wanneer?

nom
naam

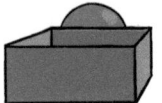

darrere

achter

en

in

davant de

voor

damunt

boven

sobre

op

sota

onder

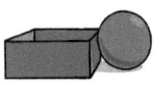

al costat

naast

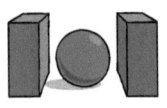

entre

tussen

lloc

plaats